SÉRIE ESSENCIAL
ACADEMIA BRASILEIRA DE LETRAS
Diretoria de 2014
Presidente: *Geraldo Holanda Cavalcanti*
Secretário-Geral: *Domício Proença Filho*
Primeiro-Secretário: *Antonio Carlos Secchin*
Segundo-Secretário: *Merval Pereira*
Tesoureira: *Rosiska Darcy de Oliveira*

COMISSÃO DE PUBLICAÇÕES
Alfredo Bosi
Antonio Carlos Secchin

Série Essencial | Concepção e coordenação
Antonio Carlos Secchin

Produção editorial
Monique Mendes
Revisão
Gilberto Araújo
Projeto gráfico
Estúdio Castellani | *Imprensa Oficial do Estado de São Paulo*
Caricaturas
J. Bosco

Catalogação na fonte:
Biblioteca da Imprensa Oficial do Estado de São Paulo

Se32   Seffrin, André, 1965-.
       Maciel Monteiro, cadeira 27, Patrono / André Seffrin – Rio de Janeiro : Academia Brasileira de Letras; São Paulo : Imprensa Oficial do Estado de São Paulo, 2014.
       64 p. ; 19 cm – (Essencial; 74)

       ISBN 978-85-401-0126-5

       1. Monteiro, Maciel, 1804-1868. I. Título. II. Série.
                                                                CDD B869.92

Esta edição adota o novo *Acordo Ortográfico da Língua Portuguesa*.

SÉRIE ESSENCIAL

MACIEL MONTEIRO

CADEIRA 27 / PATRONO

André Seffrin

ACADEMIA BRASILEIRA
DE LETRAS

imprensaoficial
GOVERNO DO ESTADO DE SÃO PAULO

Maciel Monteiro

André Seffrin

O Personagem

Se levarmos em conta a sugestão de José Veríssimo, como veremos logo adiante, Maciel Monteiro talvez nunca tenha alimentado a pretensão de reunir em livro seus poemas. Figura controversa e de escassa obra poética – pouco mais de trinta poemas, entre sonetos, décimas, oitavas e madrigais, alguns de autoria não de todo confirmada –, ele de fato sobreviveu na literatura brasileira como autor do famoso soneto "Formosa", que por muitas décadas movimentou um rumoroso grupo de admiradores e detratores.

Em ordem mais ou menos cronológica, encontramos pequenos perfis sensivelmente diversos da figura humana, dignos de um personagem de ficção: "O Sr. Monteiro agradou-me muito. É o homem mais inteligente que já encontrei no Brasil. Traços pouco distintos e um tanto pueris, mas bonitos olhos, fronte larga, maneiras simples e dignas." (Louis Léger Vauthier); "Tinha estatura regular, fronte altiva, e espaçosa, onde se revelava orgulho e talento." (Eunápio Deiró); "Maciel Monteiro frequentava apaixonado os teatros, os bailes, as sociedades dos círculos mais elegantes, e ele próprio era o tipo da mais exigente e caprichosa elegância no trajar, sempre rigorosamente à moda, e no falar sempre em mimos de delicadeza e de refinada cortesia em que sem pretensões nem demasia seu espírito sutil e sua imaginação de poeta radiavam suave e encantadoramente. [...] Essa fraqueza, inocente defeito de Maciel Monteiro, privou a pátria de um grande estadista ou de um dos seus primeiros poetas." (Joaquim Manuel de Macedo); "Foi, além de médico distinto e de orador eloquente, poeta lírico maviosíssimo, sendo ordinariamente improvisados, tanto seus discursos, quanto suas poesias." (Sacramento Blake); "Consta que achou-se no Recife, no Rio e em Lisboa envolvido em muitas e interessantes intrigas amorosas. [...] Todos, ou quase todos os seus versos foram feitos a suas namoradas, a suas amantes. [...]

Era um homem de festas, um homem de prazeres, um espírito pagão, para quem a poesia era riso e flores, um instrumento de notas alegres e vívidas. [...] Perfumado e correto, atirava-se aos salões à cata de suas deidades; chamavam-no *o doutor cheiroso*." (Sílvio Romero); "Em diversas épocas os deputados da província, reunidos em torno de Boa Vista, Sebastião do Rego Barros e Maciel Monteiro, deram a lei aos salões fluminenses. A chegada dos *leões do norte*, como eram chamados, era sempre um acontecimento social. Eles possuíam uma tradição de maneiras e um tratamento fidalgo que os diferençava do resto do mundo político, em geral tão abandonado e negligente no tom da vida, como indiferente à galanteria. [...] Maciel Monteiro, a quem muitos dos que o ouviram deram até o fim da vida o primeiro lugar entre os nossos oradores, orador *dandy*, cuja frase literária elegante, naturalmente afetada, exercia sobre a Câmara a sedução que os seus versos harmoniosos e as suas maneiras estudadas exerciam nas salas." (Joaquim Nabuco); "No oceano, o que lhe aparecia era antes de tudo a lenda encantadora das sereias, porque, ao seu ver, a mulher não era outra coisa; nos campos, o que ele descobria, na febre do sonho, era a sombra fugitiva das dríades, sem que se pudesse gabar da inocência paradisíaca dos pastores de Teócrito; nos jardins urbanos, o que lhe feria a imaginação era o porte escultural da mulher querida à sombra dos jasmineiros. Por isto, ele foi antes de tudo o menestrel favorito das damas." (Faelante da Câmara); "Menos em poesia, Maciel foi grande, apesar de ter sido uma figura saliente dos salões que frequentara." (Almachio Diniz); "Quando pilheriava, todos se riam, não da pilhéria, mas do riso com que o próprio pilheriador festejava as suas anedotas." (Agrippino Grieco); "Quando à porta da sala assomava a figura ereta e bonitona do 2.º Barão de Itamaracá, havia sensação. Era o elegante que entrava, a casaca de talhe perfeito, calças afinadas para baixo, colete branco, colarinho alto realçando a cabeça inteligente do maior galanteador da época." (A. C. D'Araújo Guimarães); "Absorvido pelo mundanismo, ocupava-se muito pouco [...] com os seus deveres de deputado." (Haroldo Paranhos); "Eufórico, gozador, inimigo de aprofundar-se no drama da existência, seu tipo reproduzia muito bem o dos nobres *ancien régime*, quando se pôde falar, em todo sentido da expressão, na delícia de viver" (Brito Broca).

Antônio Peregrino Maciel Monteiro, 2.º Barão de Itamaracá (o 1.º foi seu tio, Tomás Antônio Maciel Monteiro), nasceu no bairro Poço da Panela, em Recife, Pernambuco, em 30 de abril de 1804. Filho de Manuela Lins de Mello e Manuel Francisco Maciel Monteiro, alternou ao longo da vida diversas atividades: médico, jornalista, político, orador, diplomata e, ocasionalmente, poeta e tradutor de poesia. Realizou seus primeiros estudos em Recife e Olinda e em 23 de maio de 1823 seguiu para a Europa a fim de cursar a Universidade de Paris, onde se formou bacharel em Letras em 1824, Ciências em 1826 e se doutorou em Medicina em 1829. Nesse período francês, consta que teria conhecido Lamartine (de quem traduziu alguns poemas para o português) em casa de Domingos Borges de Barros, o Visconde de Pedra Branca, nosso poeta pré-romântico de *Os Túmulos*, à época agente de negócios do Brasil em Paris.

Em 1829, a 29 de setembro, regressou a Recife, onde exerceu a função de provedor de saúde e, em 30 de agosto de 1830, foi eleito sócio correspondente da Sociedade de Medicina do Rio de Janeiro. Em 7 de fevereiro de 1832, o casamento com Ana Martins foi o início de uma união infeliz, cheia de percalços, em parte narrados por Faelante da Câmara no ensaio que lhe dedicou em 1905. Em 1841 presidiu a recém-criada Sociedade de Medicina de Pernambuco. Aos poucos, deixou de lado a Medicina para exercer numerosos cargos públicos. Vereador da Câmara Municipal e diretor do Teatro Público, manteve-se ligado também ao Partido Conservador, pelo qual foi eleito deputado às assembleias estadual e geral, entre as décadas de 1830 a 1850. Nem sempre foi feliz também em suas solicitações políticas ou nobiliárquicas, como revelam duas cartas divulgadas por Max Fleiuss, uma delas manifestando o desejo, posteriormente frustrado, de alcançar o título de Visconde.

Entre 1837 a 1839, durante um ano e 7 meses, foi ministro dos Negócios Estrangeiros e, de 1839 a 1844, diretor do Curso Jurídico de Olinda. Baseado talvez em Faelante da Câmara, Gilberto Freyre assegura, em *Olinda: Guia Prático...*, que o poeta teria deixado tal curso ao abandono com a afirmação de que "nascera para viver de amores e não para dirigir estudantes". Nomeado membro do Conselho do Imperador em julho de 1841, em 1845 recusou a presidência do recém-criado Conselho Geral de Salubridade Pública da Província de Pernambuco e em 1852 assumiu a direção-geral da Instrução Pública dessa mesma província. No ano seguinte, já se encontrava em Lisboa como enviado extraordinário e ministro plenipotenciário do Brasil, quando se empenhou em combater quadrilhas de moedeiros falsos que agiam entre Portugal e Brasil, função que levou a bom termo e lhe valeu o título de 2.º Barão de Itamaracá.

Condecorado com a Ordem Imperial do Cruzeiro, grau de oficial, em 1841; com a Imperial Ordem da Rosa, em 1855; com o título de 2.º Barão de Itamaracá, em 1860, e, no exterior; com a Grã-Cruz da Ordem de Cristo e Comendador da Real Ordem de Nossa Senhora da Conceição da Vila Viçosa, em Portugal, ambas em 1854; com a Grã-Cruz da Ordem de São Gregório Magno, da Santa Sé, em 1855, consta que ainda foi membro da Arcádia de Roma e detentor de uma das ordens da Suécia. São em grande parte informações colhidas em antigas páginas biográficas, uma delas assinada por Agrippa, pseudônimo de Aprigio Justiniano da Silva Guimarães, publicada inicialmente no *Jornal do Recife*, n.º 30, de 23 de julho de 1859.

Faleceu em 5 de janeiro de 1868, ainda em Lisboa, onde a serviço do Brasil permaneceu por cerca de quinze anos. Joaquim Manuel de Macedo afirma que "toda a tropa de guarnição daquela capital e três baterias de artilharia prestaram as últimas honras ao ilustre finado". Seus restos mortais foram transferidos para Pernambuco em 1870 e estão desde 1872 no Cemitério do Senhor Bom Jesus da Redenção, em Santo Amaro. O túmulo de mármore importado é referido por F. A. Pereira da Costa, em *Dicionário Biográfico de Pernambucanos Célebres*, e por Clarival do Prado Valladares, em *Arte e Sociedade nos Cemitérios Brasileiros*. Clarival observa que é uma "exceção dos modelos da época", cuja "leitura epigráfica permite entender": "À memória/ do conselheiro/ Antonio Peregrino Maciel Monteiro/ 2.º Barão de Itamacará/ mandou levantar este modesto/ monumento/ a Câmara Municipal do Recife".

Em 6 de fevereiro de 1863, isto é, cinco anos antes do seu falecimento, seu conterrâneo F. M. Raposo de Almeida escreveu no *Diário de Pernambuco*: "Maciel Monteiro, além de ser pouco numeroso em seus versos, nunca os reduziu a coleção; e as altas comissões políticas de que, então e sempre, o país e o governo o tem encarregado, não lhe permitiram que cultivasse o notável talento poético com que Deus o dotara."

A Poesia

Sua fortuna crítica é tão diversa e contraditória quanto seu perfil biográfico: "O nosso poeta Maciel Monteiro [...] igualou e por vezes excedeu a Bocage nos sonetos e improvisos." (Júlio Ribeiro); "Um artista admirável que a política arrebatou à poesia." (Clóvis Beviláqua); "Sendo Maciel Monteiro um poeta erótico, seus cânticos não descem nunca à licenciosidade ou grosseria de linguagem de que usam muitos de seus pares. Ao contrário, gostava de envolver de imagens etéreas as suas amantes. Requintava de delicadezas e arrastava-as numa espécie de volúpia sobrenatural e suprassensível. É a mística do amor e do galanteio." (Sílvio Romero); "O soneto, que através de tantas modificações no metro e na ordem das rimas, se tem transmitido aos prógonos de todas as escolas, até a do Decadismo ou Decadentismo atual, é em Maciel Monteiro uma primorosa obra de arte, de molde camoniano." (João Batista Regueira Costa); "Foi um trovador de salão, correto e gracioso, a quem a poesia era apenas uma arma de combate no assalto aos corações das suas belas patrícias; com a mesma facilidade com que improvisava os seus versos admiráveis os esquecia e desdenhava." (Alfredo de Carvalho); "Na Idade Média teria sido um medíocre troveiro, bem-vindo às castelãs desconsoladas com a ausência dos seus cavalheiros; no Portugal do século XVII, um razoável poeta dos outeiros, para gáudio das freiras mundanas; no Brasil do seu tempo, não foi senão um trovador de salão, caro às damas que se picavam de aristocracia e de espírito, um poeta retardatário que ainda compunha glosas, versejava em álbuns de senhoras e improvisava com facilidade – gênero de talento muito prezado dos nossos avós, mas hoje justamente desacreditado." (José Veríssimo); "Maciel Monteiro era poeta medíocre, conforme no-lo atesta um volume póstumo, impresso em 1905, com toda sua produção, da qual pouco se salva, na toada melódica do improviso." (Alberto Faria); "Maciel Monteiro, autor de um punhado de sonetos de agradável sabor lírico, ligeiramente sensuais, e muito apreciados no tempo." (Ronald de Carvalho); "Sobrevive pela fama de elegância e um soneto." (Afrânio Peixoto); "Quanto aos seus versos, são obras-primas, uma vez aceito o princípio de que também a paspalhice tem as suas obras-primas." (Agrippino Grieco); "Maciel Monteiro é um dos muitos poetas-diletantes do Romantismo de salão, tornando-se famoso por alguns versos mais ou menos improvisados." (Otto Maria Carpeaux); "Para ele o verso era auxiliar da vida mundana, e as suas melhores poesias são cumprimentos, convites e manifestação de decepção carnal, com um tom frívolo e agradável de galanteio, cuja banalidade é compensada às vezes pelo meneio elegante da estrofe. [...] Mas representam, no conjunto, um movimento airoso que acaricia o ouvido e a sensibilidade, mostrando mais fluência que Magalhães e o seu grupo." (Antonio Candido); "Não podemos reconhecer um valor notável em tão restrita produção literária (apreciada no seu conjunto, data de 1831 a 1853, ou mesmo posteriormente), mas observamos nela uma inspiração ardente e certa força criadora" (José Aderaldo Castello); "Maciel Monteiro está cheio de traços árcades, mas também não se sabe sequer a data em que saiu sua *pièce de resistance*, o soneto 'Formosa'. Talvez pela altura de 1846 a 1848, o que já é manifestação de epigonismo." (Péricles Eugênio da Silva Ramos); "Entre arcádico e romântico, lembrando Garrett, de quem certamente recebeu influência, compôs obra de circunstância (vários poemas 'Aos Anos de...', 'Inspiração Súbita'), geralmente descuidada, como se lhe interessasse antes marcar o acontecimento da hora que produzir versos duradouros." (Massaud Moisés); "De toda a obra poética de Maciel Monteiro [...] sobreviveu na memória nacional apenas um soneto, dos mais célebres da poesia brasileira, o que faz com que ele possa disputar o título de Arvers brasileiro com alguns outros autores como Guimarães Passos ou Júlio Salusse." (Alexei Bueno).

Não andará, portanto, distante daquilo que José Veríssimo aponta como "lenda de Maciel Monteiro", em frontal contraposição ao entusiasmo de Sílvio Romero e principalmente à efusiva e apologética edição das *Poesias de Maciel Monteiro*, compiladas pela primeira vez em 1905 por João Batista Regueira Costa e Alfredo de Carvalho. Este foi, aliás, o primeiro estudioso a alertar para a incorreção gramatical do primeiro terceto do soneto "Formosa", enfatizada logo em seguida por Veríssimo e Almachio Diniz, o que não impediu que o poema se tornasse um clássico e passasse a integrar, ao longo de décadas, dezenas de florilégios, em sua forma mais difundida:

> Formosa, qual pincel em tela fina
> debuxar jamais pode ou nunca ousara;
> formosa, qual jamais desabrochara
> na primavera rosa purpurina;
>
> formosa, qual se a própria mão divina
> lhe alinhara o contorno e a forma rara;
> formosa, qual jamais no céu brilhara
> astro gentil, estrela peregrina;

> formosa, qual se a natureza e a arte,
> dando as mãos em seus dons, em seus lavores
> jamais soube imitar no todo ou parte;
>
> mulher celeste, oh! anjo de primores!
> Quem pode ver-te, sem querer amar-te?
> Quem pode amar-te, sem morrer de amores?!"

Sim, porque sobre o aludido erro gramatical, Alberto Faria alega, em *Aérides* (1918), que é "tão somente um caso de sintaxe latina, de que usou o épico dos *Lusíadas*, dispensando até a escusa por silepse de número", seguido por Péricles Eugênio da Silva Ramos que, em *Poesia Romântica* (1965), assinala:

> O *se*, neste verso, aparece por simples repetição do v. 5: não tem função lógica, sendo até possível que o poeta não o tenha escrito. Entenda-se: natureza em seus dons, arte em seus lavores, num caso de *singula singulis* ou *versus rapportati*. O verbo ficou no singular no 11, porque Maciel tomou "natureza e arte" em conjunto, num bloco em que a primeira contribuísse com os dons, a segunda com os lavores.

Vale registrar a existência de outra versão do soneto, revelada em *O Poeta Maciel Monteiro: de Médico a Embaixador* (1975), de Luiz de Castro Souza, que a encontrou entre manuscritos de Monteiro pertencentes ao Museu Imperial de Petrópolis:

> Formosa qual pincel em tela fina
> debuxar jamais pode, ou nunca ousara;
> formosa qual no céu jamais brilhara
> astro gentil, estrela peregrina;
>
> formosa qual se a própria mão divina
> lhe alinhara o contorno, a forma rara;
> formosa, qual jamais desabrochara
> em primavera a rosa purpurina;
>
> formosa enfim qual natureza e arte,
> dando as mãos em seus dons, em seus lavores
> imitar jamais soube em todo ou parte...
>
> Mulher celeste! Ó anjo de primores!
> Quem pode ver-te, sem querer amar-te?
> Quem pode amar-te sem morrer de amores?!

Ao inventariar esse lote de documentos imperiais, Alberto Rangel data o manuscrito de 1840, mas a publicação integral mais antiga que se conhece do soneto, até prova em contrário, é (segundo J. Galante de Sousa) a que aparece em 1853 na *Miscelânia Poética* de Elias Matos. No entanto, o último verso já serve de epígrafe ao poema "Enleio", de José Bonifácio, o Moço, em *Rosas e Goivos*, que, nos registros de Sacramento Blake, consta como publicado em 1848 – o que parece eliminar, se não todas, algumas dúvidas de autoria ou possível plágio, como alerta em outro momento o eficiente Péricles Eugênio da Silva Ramos.

O fato é que a inteligência pernambucana esteve, no ano do centenário do poeta, isto é, entre 1904 e 1905, novamente empenhada em canonizar sua lírica de índole popular e patriótica, procurando desse modo melhor desenhar esse grande expoente do nosso Pré-Romantismo, em detrimento do papel de Domingos Gonçalves de Magalhães. E foi assim que a edição de 1905 acabou por erigir a referida lenda que José Veríssimo, com paladino rigor, redimensiona em matéria de 1906, também contra as avaliações superlativas de Romero e Faelante. No calor da hora, Veríssimo descarta, na obra do poeta, as propaladas influências ou vigores metafóricos de Victor Hugo ou Lamartine, dados convencionais requentados periodicamente (diria preguiçosamente) por vários críticos e historiadores.

Assim, Veríssimo, um pouco (ou muito) para desautorizar seu desafeto Romero, procura destituir do trono um "poeta todo de superfície" que, ao que tudo indica, merece a paz dos grandes homens inéditos: "Quem sabe se eles mesmos não se acharam indignos de publicidade?" Igualmente para Alfredo de Carvalho "o poeta jamais alimentou aspirações literárias", embora, pouco antes de falecer, tenha confiado a Costa Motta, então secretário da legação brasileira em Lisboa, manuscritos que deveriam ser remetidos à sua família no Brasil, extraviados com o posterior falecimento de Motta na Itália.

Por que, com seus mais de 60 anos, e com o prestígio alcançado, não procurou Maciel Monteiro reunir em livro seus poemas? Falta de recursos? Certamente, não. Seus confrades pernambucanos enfim empunharam armas e realizaram a façanha, com os excessos que a José Veríssimo tanto desagradaram.

Pois bem, em 1949 seus poemas foram novamente reunidos na seção "Esparsos" da antologia *Grandes Poetas Românticos do Brasil*, organizada por Frederico José da Silva Ramos, que utilizou a pesquisa em curso de José Aderaldo Castello. Este, por sua vez, em 1962 publicou a coletânea poética mais conhecida de Monteiro, imprimindo-lhe caráter crítico e bem menos, ou quase nada, apologético. Castello de fato acrescenta algumas páginas definitivas sobre aspectos gerais da obra, mas acaba por incluir no volume três poemas de autoria contestada: o soneto "Era já Posto o Sol. A Natureza", de Antonio Augusto de Mendonça (de acordo com Haroldo Paranhos em *História do Romantismo no Brasil*, cf. *Poesias de A. A. Mendonça*, 1864); o mote "Suspende, Anália Divina", atribuído a José Elói Ottoni, e o soneto "Sonhei que, nos Teus Braços Reclinado", que, para José Veríssimo, é um "grosseiro plágio" de Bocage, o que hoje sem muito esforço podemos encarar como paráfrase...

Por atração compensatória, podemos dizer que não escapou a um de seus estudiosos o fato de que nosso poeta chegou a inspirar Noel Rosa e João de Barro (o Braguinha), que teriam, na conhecida marcha "As Pastorinhas" (1934), ecoado o primeiro verso do poema dedicado a Rosina Laborda, "a 'strela d'alva lá no céu desponta". Afinal, como quer Sílvio Romero, "os ciclos literários são como circunferências que se tocam", uma vez que "os operários de uma época alcançam os obreiros da época seguinte e colaboram com eles".

E assim, das marés montantes do passado, sempre nascerão as glórias e as injúrias do nosso mundo literário...

No extenso e excelente verbete sobre Monteiro em *Enciclopédia de Literatura Brasileira* (1990), J. Galante de Sousa menciona, entre tantos outros textos, o discurso pronunciado na Câmara dos Deputados a 10 de junho de 1851 acerca da abolição, em parte transcrito em *História da Literatura Brasileira*, de Romero, fonte de antologistas posteriores. Sim, trata-se de uma enfática oração contra o tráfico negreiro:

> [...] Sempre detestei a escravidão; a minha natureza como que se revolta à sombra de qualquer jugo. Entretanto, entrando na carreira pública, não só por tal motivo, como pelo compromisso que o país tinha contraído em virtude do tratado de 1826, e em reverência à lei de 1831, sempre me reputei abolicionista, sempre entendi que esse tratado devia ser fielmente cumprido, que essa lei devia ser rigorosamente executada; e quando os sucessos do meu país, antes do que o meu fraco mérito, me levaram aos conselhos da Coroa, procurei por todos os meios ao meu alcance tornar uma realidade esse tratado e essa lei.

A chamada "obra em prosa" de Maciel Monteiro teve início na tese *Dissertation sur la Nature, les Symptômes de l'Inflammation de l'Arachnoïde et son Rapport avec l'Encephalite*, dedicada à memória de seu pai. Com 53 páginas, foi impressa em Paris por Didot le Jeune em 1829. O *Discurso por Ocasião da Fundação da Sociedade de Medicina de Pernambuco*, proferido em 4 de abril de 1841, foi inicialmente publicado nos *Anais* da referida sociedade e em 1975 reproduzido na íntegra no já mencionado livro de Luiz de Castro Souza.

Sua oratória parlamentar encontra-se dispersa e fragmentada em volumes dos *Anais do Parlamento Brasileiro*, de 1834 a 1853, assim como a colaboração em jornais e revistas do Recife – *O Lidador*, periódico conservador, de 1845 a 1848; *A Carranca*, periódico político-moral-satírico-cômico, de 1846; *O Progresso*, revista social, literária e científica, de 1846 a 1947; e *A União*, também conservador, de 1848 a 1851 – e do Rio de Janeiro, o *Álbum Sentimental*, de 1851, e a *Revista Popular*, de 1862.

A propósito desse provavelmente vasto material em prosa, poucos se manifestaram. O que se sabe é que em *O Lidador* e *A União*, foram seus colegas de redação, entre outros, J. J. Ferreira de Aguiar e J. F. Nabuco de Araújo, pai de Joaquim Nabuco. E na inauguração da Academia Brasileira de Letras, Nabuco filho, certamente motivado pelo afeto, escolheu seu conterrâneo Monteiro para patrono da Cadeira 27. Antes disso, cogitou "escrever alguma coisa" sobre ele, "mas não virá senão depois da vida de meu pai", conforme manifesta em carta a Barros Sobrinho. Referia-se a *Um Estadista do Império*, a clássica biografia de seu pai e talvez nosso mais amplo painel do Segundo Reinado, no qual cita diversas vezes o *dandy*

Monteiro, um dos mais próximos amigos de juventude de Nabuco de Araújo.

Outra Vez o Personagem

Frente à obra poética tão exígua, não há dúvida de que o personagem ganhou surpreendente e desproporcional atenção em nossa história literária. Brito Broca, como sempre, acerta no receituário:

> No quadro de sofrimento, lágrimas e morbidez do nosso Romantismo, o anedotário nos apresenta assim o poeta de "Formosa qual pincel em tela fina" como uma exceção: um sibarita feliz, sadio e vitorioso. Mas onde está o biógrafo capaz de mostrar-nos, algum dia, o homem que devia existir nesse fidalgo peralvilho e sedutor?

Nem digo o biógrafo, mas onde andará o possível romancista capaz de, algum dia quem sabe, reviver o personagem?

Bibliografia do autor:

Poesias. Organização de João Batista Regueira Costa e Alfredo de Carvalho. Recife: Imprensa Industrial, 1905. (acompanha extensa fortuna crítica)

"Esparsos". *In*: *Grandes Poetas Românticos do Brasil*. Organização de Frederico José da Silva Ramos, prefácio e notas biográficas de Antônio Soares Amora. São Paulo: LEP, 1949.

Poesias. Organização de José Aderaldo Castello. São Paulo: Conselho Estadual de Cultura/ Comissão de Literatura, 1962.

Bibliografia sobre o autor:

ARAÚJO, Carlos da Silva. *Achegas para um Estudo Biográfico de um Evadido da Medicina: Maciel Monteiro, "o Homem do Soneto"*. Rio de Janeiro: A Noite, 1953.

BANDEIRA, Manuel. "Maciel Monteiro". In: _____. *Poesia da Fase Romântica*. Rio de Janeiro: Ediouro, 1967.

BLAKE, Sacramento. *Dicionário Bibliográfico Brasileiro*. Rio de Janeiro: Tipografia Nacional, 1883. vol. I.

BONIFÁCIO, o Moço, José. *Poesias*. Organização de Alfredo Bosi e Nilo Scalzo. São Paulo: Conselho Estadual de Cultura/ Comissão de Literatura, 1962.

BROCA, Brito. "A Lenda de Maciel Monteiro". In: _____. *Românticos, Pré-Românticos, Ultrarromânticos: Vida Literária e Romantismo Brasileiro*. São Paulo: Polis; Brasília: INL, 1979.

BUENO, Alexei. "A Explosão Romântica". In: _____. *Uma História da Poesia Brasileira*. Rio de Janeiro: G. Ermakoff, 2007.

CÂMARA, Faelante da. *Maciel Monteiro*. Recife: A Cultura Acadêmica, 1905.

CANDIDO, Antonio. "Maciel Monteiro". In: _____. *Formação da Literatura Brasileira: Momentos Decisivos*. 10.ª ed., revista pelo autor. Rio de Janeiro: Academia Brasileira de Letras/ Ouro Sobre Azul, 2006.

CARPEAUX, Otto Maria. "Romantismo 'Popular'". In: _____. *Pequena Bibliografia Crítica da Literatura Brasileira*. Rio de Janeiro: Ediouro, s/d.

CASTELLO, José Aderaldo. *Manifestações Literárias do Período Colonial*. São Paulo: Cultrix, 1962.

_____. "Os Pródromos do Romantismo". In: COUTINHO, Afrânio (Org.). *A Literatura no Brasil: Romantismo*. 2.ª ed. Rio de Janeiro: Sul Americana, 1969, vol. II.

_____. "Poetas Pré-Românticos". In: _____. *A Literatura Brasileira: Origens e Unidade*. São Paulo: Edusp, 1999, vol. I.

DINIZ, Almachio. "Poeta Pernambucano (o Biógrafo e Crítico de Maciel Monteiro)". In: _____. *Zoilos e Estetas: Figuras Literárias*. Porto: Chardron, 1908.

FARIA, Alberto. "Um *Vase Brisé*". In: _____. *Aérides: Literatura e Folclore*. Rio de Janeiro: Jacinto Ribeiro dos Santos, 1918.

FLEIUSS, Max. *Recordando... (Casos e Perfis)*. Rio de Janeiro: Imprensa Nacional, 1941.

Freyre, Gilberto. *Diário Íntimo do Engenheiro Vauthier*. Rio de Janeiro: Ministério da Educação e Saúde, 1940.

_____. "Literatura". *In*: _____. *Olinda: 2.º Guia Prático, Histórico e Sentimental de Cidade Brasileira*. 4.ª ed. revista, atualizada e aumentada. Rio de Janeiro: José Olympio, 1968.

Grieco, Agrippino. "Poetas Menores". *In*: _____. *Evolução da Poesia Brasileira*. 3.ª ed. revista Rio de Janeiro: José Olympio, 1947.

Guimarães, A. C. D'Araújo. *A Corte no Brasil: Figuras e Aspectos*. Porto Alegre: Globo, 1936.

Lima, Israel Souza. *Maciel Monteiro/Manuel Antônio de Almeida*. Rio de Janeiro: Academia Brasileira de Letras, 2012. Biobibliografia dos Patronos, Coleção Afrânio Peixoto, v. 15.

Luft, Celso Pedro. "Monteiro, Antonio Peregrino Maciel". *In*: _____. *Dicionário de Literatura Portuguesa e Brasileira*. Porto Alegre: Globo, 1979.

Macedo, Joaquim Manuel de. "Antonio Peregrino Maciel Monteiro: Barão de Itamaracá". *In*: _____. *Ano Biográfico Brasileiro*. Rio de Janeiro: Imperial Instituto Artístico, 1876, vol. iii.

Machado, Ubiratan. *A Vida Literária no Brasil durante o Romantismo*. Rio de Janeiro: Eduerj, 2001.

Martins, Wilson. Sílvio Romero e sua *História da Literatura Brasileira*. *In*: _____. *Interpretações: ensaios de crítica*. Rio de Janeiro: José Olympio, 1946.

Menezes, Raimundo de. "Monteiro, Maciel". *In*: _____. *Dicionário Literário Brasileiro*. 2.ª ed. Rio de Janeiro: Livros Técnicos e Científicos, 1978.

Moisés, Massaud. "Maciel Monteiro". *In*: _____. *História da Literatura Brasileira: das Origens ao Romantismo*. São Paulo: Cultrix, 2001, vol. iii.

Nabuco, Joaquim. *Um Estadista do Império*. 5.ª ed. Rio de Janeiro: Topbooks, 1997.

Oliveira, José Teixeira de. *Dicionário Brasileiro de Datas Históricas*. 4.ª ed. Petrópolis: Vozes, 2002.

Paes, José Paulo. "Monteiro, Maciel". *In*: Moisés, Massaud; Paes, José Paulo (Org.). *Pequeno Dicionário de Literatura Brasileira*. 2.ª ed. revista e ampliada por Massaud Moisés. São Paulo: Cultrix, 1980.

Paranhos, Haroldo. "Antonio Peregrino Maciel Monteiro (Barão de Itamaracá)". *In*: _____. *História do Romantismo no Brasil: 1830-1850*. São Paulo: Cultura Brasileira, [1938], vol. i.

Peixoto, Afrânio. "Antonio Peregrino Maciel Monteiro". *In*: _____. *Noções de História da Literatura Brasileira*. Rio de Janeiro: Francisco Alves, 1931.

Picchio, Luciana Stegagno. "A 'Escola' de Magalhães". In: _____. *História da Literatura Brasileira*. Rio de Janeiro: Nova Aguilar, 1997.

Pinho, Wanderley. *Salões e Damas do Segundo Reinado*. 3.ª ed. São Paulo: Martins, 1959.

Ramos, Péricles Eugênio da Silva. "Maciel Monteiro". In: _____. *Poesia Romântica: Antologia*. São Paulo: Melhoramentos, 1965.

_____. "Poesia Romântica". In: _____. *Do Barroco ao Modernismo: Estudos de Poesia Brasileira*. 2.ª ed. revista e aumentada Rio de Janeiro: Livros Técnicos e Científicos, 1979.

Romero, Sílvio. "Antônio Peregrino Maciel Monteiro". In: _____. *História da Literatura Brasileira*. Organização de Luiz Antonio Barreto. Rio de Janeiro: Imago; Aracaju: Universidade Federal de Sergipe, 2001, vol. I.

Sousa, J. Galante de. "Monteiro, Maciel". In: Coutinho, Afrânio; Sousa, J. Galante de (Org.). *Enciclopédia de Literatura Brasileira*. Rio de Janeiro: Ministério da Educação/ Fundação de Assistência ao Estudante, 1990, vol. II.

Sousa, Luiz de Castro. *O Poeta Maciel Monteiro: de Médico a Embaixador*. Recife: Prefeitura Municipal/ Secretaria de Educação e Cultura/ Conselho Municipal de Cultura, 1975.

Távora, José Geraldo. *Maciel Monteiro: de Médico e Poeta a Ministro Plenipotenciário*. Recife: Sobrames, 2002.

Valladares, Clarival do Prado. "Santo Amaro do Recife". In: _____. *Arte e Sociedade nos Cemitérios Brasileiros: um Estudo da Arte Cemiterial Ocorrida no Brasil desde as Sepulturas de Igrejas e as Catacumbas de Ordens e Confrarias até as Necrópoles Secularizadas*. Rio de Janeiro/ Brasília: Conselho Federal de Cultura/ Departamento de Imprensa Nacional, 1972.

Veríssimo, José. "Lenda de Maciel Monteiro". In: _____. *Últimos Estudos de Literatura Brasileira*: 7.ª série. Belo Horizonte: Itatiaia; São Paulo: Edusp, 1979.

_____. *História da Literatura Brasileira*. 7.ª ed. Rio de Janeiro: Topbooks, 1998.

Hino ao 7 de Setembro*

Quão risonho no horizonte
surge o Deus da claridade!
Exultai, ó Brasileiros,
triunfou a Liberdade.

> *Do Brasil nas lindas plagas*
> *sorri d'ouro a nova idade!*
> *Liberdade o Norte grita,*
> *responde o Sul: Liberdade!*

Ao som dos nossos queixumes
despertou a Divindade;
abrasou-se a tirania
no fogo da Liberdade.

> *Do Brasil nas lindas plagas*

Contra nós bramiu debalde
da traição a tempestade;
ela feriu o traidor,
respeitou a Liberdade.

---

* *In*: *Poesias*. Organização de José Aderaldo Castello. São Paulo: Conselho Estadual de Cultura/ Comissão de Literatura, 1962, pp. 102-104.

Do Brasil nas lindas plagas

Já no céu americano
luz alma serenidade;
enfeita já nosso solo
a planta da Liberdade!

Do Brasil nas lindas plagas

Nossas vestes não... não tinge
o sangue da Humanidade;
da Virtude e não de alfanjes
nasce a nossa Liberdade!

Do Brasil nas lindas plagas

Avessa ao pranto, ao gemido,
aos grilhões, à crueldade,
só co'a glória simboliza
nossa doce Liberdade!

Do Brasil nas lindas plagas
sorri d'ouro a nova idade!
Liberdade, o Norte grita,
responde o Sul: Liberdade!

Recife, 1831.

Formosa*

Formosa, qual pincel em tela fina
debuxar jamais pode ou nunca ousara;
formosa, qual jamais desabrochara
na primavera rosa purpurina;
Formosa, qual se a própria mão divina
lhe alinhara o contorno e a forma rara;
formosa, qual jamais no céu brilhara
astro gentil, estrela peregrina;

formosa, qual se a natureza e a arte,
dando as mãos em seus dons, em seus lavores
jamais soube imitar no todo ou parte;

mulher celeste, oh! anjo de primores!
Quem pode ver-te, sem querer amar-te?
Quem pode amar-te, sem morrer de amores?!

---

* In: *Poesias*. Organização de José Aderaldo Castello. São Paulo: Conselho Estadual de Cultura/ Comissão de Literatura, 1962, pp. 82-83.

Um Voto*

Enfin, pauvre feuille envolée,
je viendrais, au gré des mes voeux,
me poser sur son front, mêlée
aux boucles de ses noirs cheveux.

Victor Hugo, *Orientales*

Se eu fora a flor querida, a flor mais bela
de quantas brilham no matiz, na gala;
se o meu perfume fora mais suave
que esse que a rosa no Oriente exala;

se em volta a mim os zéfiros traidores
sussurrando viessem bafejar-me,
e com moles blandícias, brandos mimos
tentassem de minh'haste arrebatar-me;

se o vário beija-flor tão feiticeiro,
desprezando uma a uma as demais flores,
em meu virgíneo, delicado seio
depusesse seus beijos, seus amores;

Num vaso de esmeralda eu não quisera
os aposentos decorar brilhantes

---

* *In*: *Poesias*. Organização de José Aderaldo Castello. São Paulo: Conselho Estadual de Cultura/ Comissão de Literatura, 1962, pp. 51-53.

do soberbo Nababo de Golconda,
que pisa em pér'las, topa nos diamantes.

Tão pouco eu cobiçara ornar o seio
dessa jovem britânica princesa;
em quem o brilho do diadema augusto
luz menos que os encantos da beleza.

Pousar, senhora, fora o meu desejo
em vossa fronte tão serena e bela,
e fazer que em seu voo o tempo rápido
a asa impura não ouse roçar nela...

Como um raio da vossa formosura
refletiria em mim seu fogo santo
como a fragrância dos cabelos vossos
dera a minha fragrância novo encanto!

Aí como vaidosa eu ostentara
todo o meu esplendor. E qual rainha
num trono de ouro ousara disputar-me
minh'alta condição e a glória minha?

Mas já que a flor não sou apetecida
(que o não consentem fados meus adversos)
não recuseis, senhora, a flor silvestre
que o bardo vos of'rece nestes versos.

Recife, 1846.

Aos Anos de...*

Cellini sourirait à votre Grace pure
et, dans um vase grec sculptant votre figure
il vous ferait sortir d'um beau cálice d'or,
d'um lys qui devient femme em restant fleur encor,
ou d'um de ces lótus, qui lui doivent la vie,
étranges fleurs de l'art que la nature envie.
        Victor Hugo, *Voix Interieures*

ODE

Ao nascerdes, senhora, um astro novo
vos inundou de luz, que
        ainda hoje ensina,
no fogo desses vossos olhos belos
        vossa origem divina.

O ar que respirastes sobre a terra,
foi um sopro de Deus embalsamado
entre as flores gentis que vos ornavam
        o berço abençoado.

Ao ver-vos sua igual, no empíreo os anjos
hinos de amor cantaram nesse dia;

---

* *In*: Poesias. Organização de José Aderaldo Castello. São Paulo: Conselho Estadual de Cultura/ Comissão de Literatura, 1962, pp. 54-56.

e o que se escuta, se falais, é o eco
> da angélica harmonia.

Gerada para o céu, que o céu somente
da criação a pompa e o brilho encerra,
das mãos do criador vos escapastes
> caístes cá na terra.

Um anjo vos seguiu para guardar-vos;
e, quais gêmeos, um no outro retratado,
quem pode distinguir o anjo que guarda
> do anjo que é guardado?

Só um raio do céu arde perene
sem que o tempo lhe apague o fulgor santo!
Por isso os vossos dons são sempre os mesmos,
> o mesmo o vosso encanto.

Em vós é tudo eterno. E, se na fronte
(tão bela sempre em tempos tão diversos)
ama c'roa murchar-vos é decerto
> a c'roa de meus versos,

dos meus versos! Ah! Não! Que inextinguível
é o incenso queimado à divindade:

e ao canto que inspirais, vós dais, senhora,
vossa imortalidade.

Recife, 1846.

Soneto*

À Candiani

Em que fonte de canto e de doçura
bebeste, ó Candiani, a voz divina,
que arrebata a quem sente e meiga ensina
a sentir té amar a penha dura?

Qual anjo da sagrada, empírea altura
n'harpa d'ouro os teus sons concerta e afina?
Qual doce aura do céu adeja... trina
nos teus lábios co'as graças de mistura?

De ferro armada, armada de verbena,
quem de Norma infeliz o canto exprime
como tu a paixão, a mágoa, a pena?

Se delinques de amor, ama-se o crime!
Se te ameigas a amor, quanto és amena!
Se te imolas a amor, quanto és sublime!

---

* *In: Poesias.* Organização de José Aderaldo Castello. São Paulo: Conselho Estadual de Cultura/ Comissão de Literatura, 1962, p. 89.

Amanhã*

Extremoso mancebo adorava
gentil moça, feitiço de amor;
era dama que em graças primava,
e primava também no rigor;
que esperanças constante acendia,
mas que nunca um favor concedia.

Dia e noite o mancebo gastava
em provar terno amor pela bela,
dia e noite o mancebo chorava
Por deleites gozar ao pé dela!
mas, tão fera, quão linda e louçã,
ela sempre dizia: Amanhã!

Ah! senhora, exclamava o amante,
até quando quereis ver-me assim?
nem sequer o favor dum instante,
nunca, nunca tereis dó de mim?
Quando, pois, pagareis tanto afã?
E a cruel respondia: Amanhã!

---

* *In*: *Poesias*. Organização de José Aderaldo Castello. São Paulo: Conselho Estadual de Cultura/ Comissão de Literatura, 1962, pp. 48-50.

Amanhã! esta frase do inferno,
já mil vezes de vós tenho ouvido,
já mil vezes amor louco e terno
abrasado vos tenho pedido,
mas, tão fera, quão linda e louçã,
vós dizeis rindo sempre: Amanhã!

Do horizonte limite afastado,
que debalde se quer conhecer,
de uma flor o botão desbotado,
que jamais flor aberta há de ser,
ironia, ilusão, frase vã,
eis o que é esse vosso: Amanhã!

Basta enfim de zombar. Eu vos amo,
como ama o favônio uma flor;
por gozar-vos ardente me inflamo,
junto a vós morrer quero de amor!
quando, pois, pagareis tanto afã?
e a cruel respondia: Amanhã!

E o mancebo esperava, esperava
que chegasse essa hora de amor;
cada dia mais terno voltava

a pedir da ternura o penhor;
mas tão fera, quão linda e louçã,
ela sempre dizia: Amanhã!

Chega um dia (era noite formosa),
tudo em doce sossego jazia,
'stava a lua no céu radiosa,
bela dama entre flores dormia.
No jardim foi do sono apanhada,
pelas auras da noite embalada.

Junto dela ninguém 'stá velando,
mas, por entre os arbustos viçosos,
os raminhos co'as mãos afastando,
vem o amante com passos cuidosos.
Ei-la ali a dormir descuidada!
Ei-lo ali com su'alma abrasada!

O que mais se passou ninguém viu,
sabe-o a lua que estava no céu;
só do amante um suspiro se ouviu...
e um ai terno que a moça gemeu...
E depois que algum tempo passou
todo em fogo o mancebo exclamou:

Ah! é pouco... Não basta um favor
para a chama que ardendo em mim vês?
Dizei quando, p'ra glória de amor,
dormireis no jardim outra vez!
E vermelha, qual flor de romã,
ela disse outra vez: Amanhã!

Rio de Janeiro, 1851.

Um Sonho*

Ao Embarque e Partida de uma Senhora.

Ela foi-se! E com ela foi minh'alma
n'asa veloz da brisa sussurrante,
que ufana do tesouro que levava,
ia... corria... e como vai distante!

Voava a brisa e no atrevido rapto
frisava do Oceano a face lisa:
eu que a brisa acalmar tentava insano,
com meus suspiros alentava a brisa!

No horizonte esconder-se anuviado
eu a vi; e dois pontos luminosos
apenas onde ela ia me mostravam:
eram eles seus olhos lacrimosos!

Pouco e pouco empanou-se a luz confusa,
que me sorria lá dos olhos seus;
e d'além ondulando uma aura amiga
aos meus ouvidos repetiu adeus!

---

* *In*: *Poesias*. Organização de José Aderaldo Castello. São Paulo: Conselho Estadual de Cultura/ Comissão de Literatura, 1962, pp. 42-43.

Nada mais via eu, nem mesmo um raio
fulgir a furto à esperança bela;
mas meus olhos ilusos descobriram
numa amável visão a imagem dela.

Esvaiu-se a visão, qual nuvem áurea
ao bafejar da vespertina aragem;
se aos olhos eu perdia a imagem sua,
no meu peito eu achava a sua imagem.

Ela foi-se!... E com ela foi minh'alma
na asa veloz da brisa sussurrante,
que ufana do tesouro que levava,
ia... corria... e como vai distante!

Rio de Janeiro, 1851.

A Rosina Laborda*

A 'strela d'alva lá no céu desponta
e logo a aurora nos sorri gentil;
sucede o dia, cuja luz derrama
por sobre os campos seus encantos mil.

O teu talento, divinal Laborda,
no céu de artista se apresenta agora;
tal como o dia seguirá seu brilho,
colhendo as rosas que teu gênio inflora.

E quando o astro, que do mundo é rei,
ao seu zênite lá chegar mais tarde,
a luz brilhante surgirá então,
seguindo o fogo, que em teu peito arde.

Formosa página te destina a arte
no livro de ouro que lhe encerra a história;
prossegue e estuda, p'ra que um dia voltes
à áurea folha da luzente glória.

Lisboa, s/d.

---

* In: *Poesias*. Organização de José Aderaldo Castello. São Paulo: Conselho Estadual de Cultura/ Comissão de Literatura, 1962, p. 60.

Aos Anos de...*

A 25 de março de 1849
Lyre longtemps oisive, éveillez-vous encore!
Il se lève, et nos chants le salueront toujours,
ce jour que son doux nom décore,
ce jour sacré parmi les jours!

VICTOR HUGO, *Ode*

Troa o canhão terríbil, que apregoa
os pátrios foros em marcial linguagem,
eis o dia, Senhora, de pagar-vos
o ãnuo feudo de minha vassalagem.

Mais uma vez o astro soberano
seus domínios correu no firmamento;
hoje assente em seu trono, ei-lo que espalha
graças de luz ao vosso nascimento.

Balançando-se n'hastes voluptuosas,
quão linda gala trajam hoje as flores!
Dir-se-ia, para glória de enfeitar-vos,
qu'orvalhou-as na aurora a mão d'amores.

---

* *In*: *Poesias*. Organização de José Aderaldo Castello. São Paulo: Conselho Estadual de Cultura/ Comissão de Literatura, 1962, pp. 61-3.

As aves, que na selva a alva saúdam
com seus moles cantares à porfia,
o perfume nas rosas aspirando
os ares embalsamam de harmonia.

O sol tem mais fulgor, a flor mais mimos,
a ave mais doçura em seu trinado,
ah! como a Criação dobrou seu fausto
neste dia, Senhora, abençoado!

Tudo, tudo obedece a voz do Eterno
rendendo custos a beleza tanta!
Só o bardo na lira, envolta em crepe,
se empreende cantar, geme, não canta!

Muda a lira, na qual sagrei outrora
tantos hinos de amor a formosura,
se do prazer dedilho as cordas d'ouro,
vibrar a corda sinto da amargura.

Mas já que em vosso gineceu risonho
não pode o canto meu ser hoje ouvido;
dai, Senhora, que aos ecos da alegria
ao menos se misture um meu gemido.

Ah! se em pomposo altar a divindade
incenso, flores, cânticos aceita,

o orar do infeliz também acolhe
e as lágrimas do aflito não rejeita.

A mesma urna que no Tabernáculo
recebe o ouro farto da opulência,
também, modesta aos votos da humildade,
a oblação recolhe da indigência.

Pequeno é meu tributo: ei-lo qual posso,
qual me é dado pagar-vos reverente:
não é o dom opimo do opulento,
é sim a escassa ofrenda do indigente.

Recife, 1848.

No Álbum*

da Exma. Sra. Viscondessa de Boa-Vista, no dia de seus anos, a 4 de novembro de 1850.

É, Senhora, o vosso *Álbum*
um vaso de ouro fulgente,
que recebe o dom do rico
e o dom também do indigente.

A pompa da harpa sublime
nele brilha, enleva, encanta;
nele o som da frauta humilde
também, Senhora, vos canta.

Mas quanta vez na Harpa excelsa,
em que o Bardo altivo arpeja,
falta o fogo da verdade,
que na écloga lampeja?

É meu canto igual da frauta
ao som silvestre e singelo;
porém nele há um mistério,
que o torna mais alto e belo.

---

* *In*: *Poesias*. Organização de José Aderaldo Castello. São Paulo: Conselho Estadual de Cultura/ Comissão de Literatura, 1962, pp. 64-5.

Esse mistério é a unção
da alma ingênua do cantor,
que canta aqui da amizade,
ou além cante do amor.

Um raio, que se desprende
deste foco de Afeição,
não deslumbra os olhos pasmos,
mas adoça o coração.

Não recuseis, pois, Senhora,
meu canto e sua humildade,
que um tributo é sempre digno,
se o sagra a mão da amizade.

Recife, 1850.

R. S. A.*

Também no bosque,
na selva escura,
existem tipos
de formosura.

Talvez aí,
aí somente,
d'alta beleza
nasce a semente.

Ah! foi teu berço,
mulher divina,
a flor do campo,
alva bonina.

Mas quão depressa
elas murcharam
e as tuas graças
desabrocharam!

---

* *In*: *Poesias*. Organização de José Aderaldo Castello. São Paulo: Conselho Estadual de Cultura/ Comissão de Literatura, 1962, pp. 71-2.

Ah! praza aos céus
qu'elas, ativas,
vivam, perdurem
quais sempre-vivas.

Num Álbum[*]

O tempo com suas asas
tudo roça e tudo estraga,
e as graças da formosura
são as primeiras que esmaga;
em ti, porém, bela dama,
o tempo na pode tanto:
ao volver de cada hora
surge em ti um novo encanto.

[*] *In*: *Poesias*. Organização de José Aderaldo Castello. São Paulo: Conselho Estadual de Cultura/ Comissão de Literatura, 1962, p. 77.

A Lília*

Vi, ó Lília astro simpático
de amaciado fulgor:
cuidei ver um teu olhar,
mas olhar cheio d'amor.

O concerto ouvi das aves,
da aurora saudando o alvor:
pareceu-me ouvir-te a voz,
quando tu falas d'amor.

Delicioso perfume
aspirei em linda flor:
era qual esse que exalas,
quando te inflamas d'amor.

Tudo quanto a natureza
tem de graça e de primor
tu resumes, minha Lília
se te namoras d'amor.

---

* *In*: *Poesias*. Organização de José Aderaldo Castello. São Paulo: Conselho Estadual de Cultura/ Comissão de Literatura, 1962, p. 92.

Mote*

No colo de Anália bela
só Jove deve deitar-se
com mistério e com cautela
quis Amor, mudo e sozinho,
procurar mimoso ninho
no colo de Anália bela.

Mas, Jove que se desvela
de em todos sítios achar-se
e diz detendo-lhe os passos
de Anália bela nos braços
com ele vai encontrar-se
só Jove deve deitar-se.

---

* *In*: *Poesias*. Organização de José Aderaldo Castello. São Paulo: Conselho Estadual de Cultura/ Comissão de Literatura, 1962, p. 93.

Posturas Municipais*

Epigrama

Se há posturas de galinhas,
também há municipais;
aquelas produzem ovos,
estas sono e nada mais.

---

* *In*: *Poesias*. Organização de José Aderaldo Castello. São Paulo: Conselho Estadual de Cultura/ Comissão de Literatura, 1962, p. 108.

Retrato do poeta, séc. XIX

Retrato da cantora Candiani, para quem Maciel Monteiro dedicou um soneto (ver p. 37). A. Miller, séc. XIX

Série Essencial

001 Oswaldo Cruz, *Moacyr Scliar*
002 Antônio Houaiss, *Afonso Arinos, filho* | *1.ª ed., ABL, esgotado.*
003 Peregrino Júnior, *Arnaldo Niskier*
004 João do Rio, *Lêdo Ivo*
005 Gustavo Barroso, *Elvia Bezerra*
006 Rodolfo Garcia, *Maria Celeste Garcia*
007 Pedro Rabelo, *Ubiratan Machado*
008 Afonso Arinos de Melo Franco, *Afonso Arinos, filho*
009 Laurindo Rabelo, *Fábio Frohwein de Salles Moniz*
010 Artur Azevedo, *Sábato Magaldi*
011 Afonso Arinos, *Afonso Arinos, filho*
012 Cyro dos Anjos, *Sábato Magaldi*
013 Euclides da Cunha, *José Maurício Gomes de Almeida*
014 Alfredo Pujol, *Fabio de Sousa Coutinho*
015 João Cabral de Melo Neto, *Ivan Junqueira*
016 Ribeiro Couto, *Elvia Bezerra*
017 José do Patrocínio, *Cecilia Costa Junqueira*
018 Bernardo Élis, *Gilberto Mendonça Teles*
019 Teixeira de Melo, *Ubiratan Machado*
020 Humberto de Campos, *Benicio Medeiros*
021 Gonçalves Dias, *Ferreira Gullar*
022 Raimundo Correia, *Augusto Sérgio Bastos*
023 Rachel de Queiroz, *José Murilo de Carvalho*
024 Alberto de Oliveira, *Sânzio de Azevedo*
025 Álvares de Azevedo, *Marlene de Castro Correia*
026 Alberto de Faria, *Ida Vicenzia*
027 Machado de Assis, *Alfredo Bosi*

028	Álvaro Moreyra, *Mario Moreyra*
029	Austregésilo de Athayde, *Laura Sandroni*
030	Antônio José da Silva, *Paulo Roberto Pereira*
031	Afrânio Coutinho, *Eduardo Coutinho*
032	Sergio Corrêa da Costa, *Edla van Steen*
033	Josué Montello, *Cláudio Murilo Leal*
034	Mário Cochrane de Alencar, *Flávia Amparo*
035	Alcântara Machado, *Marcos Santarrita*
036	Domício da Gama, *Ronaldo Costa Fernandes*
037	Gregório de Matos, *Adriano Espínola*
038	Magalhães de Azeredo, *Haron Jacob Gamal*
039	Visconde de Taunay, *Mary del Priore*
040	Graça Aranha, *Miguel Sanches Neto*
041	Luiz Edmundo, *Maria Inez Turazzi*
042	Coelho Neto, *Ubiratan Machado*
043	Lafayette Rodrigues Pereira, *Fabio de Sousa Coutinho*
044	Júlio Ribeiro, *Gilberto Araújo*
045	Castro Alves, *Alexei Bueno*
046	Vianna Moog, *Luis Augusto Fischer*
047	Augusto de Lima, *Paulo Franchetti*
048	Celso Cunha, *Cilene da Cunha Pereira*
049	Antonio Callado, *Ana Arruda Callado*
050	Goulart de Andrade, *Sânzio de Azevedo*
051	Araripe Júnior, *Luiz Roberto Cairo*
052	Matias Aires, *Rodrigo Petronio*
053	Pardal Mallet, *André Seffrin*
054	Teófilo Dias, *Wellington de Almeida Santos*
055	Félix Pacheco, *Marcos Santarrita*
056	Tomás Antônio Gonzaga, *Adelto Gonçalves*

057   Gonçalves de Magalhães, *Roberto Acízelo de Souza*
058   Luís Murat, *Flávia Amparo*
059   Olegário Mariano, *Pedro Marques*
060   Otto Lara Resende, *Cláudio Murilo Leal*
061   Raul Pompeia, *Ivan Teixeira*
062   Rui Barbosa, *Murilo Melo Filho*
063   Sílvio Romero, *José Luís Jobim*
064   Vicente de Carvalho, *Ida Vicenzia*
065   Alcindo Guanabara, *Ubiratan Machado*
066   Américo Jacobina Lacombe, *José Almino de Alencar*
067   Olavo Bilac, *José Castello*
068   Lúcio de Mendonça, *João Pedro Fagerlande*
069   Pedro Luís, *Pedro Lyra*
070   Odorico Mendes, *Rodrigo Petronio*
071   Aluísio Azevedo, *Orna Messer Levin*
072   Luís Carlos, *Augusto Sérgio Bastos*
073   Artur de Oliveira, *Ubiratan Machado*
074   Maciel Monteiro, *André Seffrin*

IMPRENSA OFICIAL DO ESTADO DE SÃO PAULO

Coordenação Editorial: *Cecília Scharlach*
Assistência Editorial, Revisão: *Ariadne Martins*
Editoração Eletrônica: *Marli Santos de Jesus*
Editoração, CTP, Impressão e Acabamento: *Imprensa Oficial do Estado de São Paulo*

Proibida a reprodução total ou parcial sem a autorização
prévia dos editores

Direitos reservados e protegidos
(lei nº 9.610, de 19.02.1998)

Foi feito o depósito legal na Biblioteca Nacional
(lei nº 10.994, de 14.12.2004)

Impresso no Brasil 2014

Formato: *13 x 18,5 cm*
Tipologia: *Caslon*
Papel Capa: *Cartão Triplex 250 g/m²*
Miolo: *Pólen Soft 80 g/m²*
Número de páginas: *64*
Tiragem: *2000*

Rua da Mooca, 1.921 Mooca
03103 902 São Paulo SP
sac 0800 01234 01
www.imprensaoficial.com.br

GOVERNO DO ESTADO DE SÃO PAULO

Governador: *Geraldo Alckmin*

Secretário-Chefe da Casa Civil: *Saulo de Castro Abreu Filho*

IMPRENSA OFICIAL DO ESTADO DE SÃO PAULO

Diretor-presidente: *Marcos Antonio Monteiro*

CONSELHO EDITORIAL

Presidente: *Carlos Roberto de Abreu Sodré*

MEMBROS

Carlos Augusto Calil
Cecília Scharlach
Eliana Sá
Isabel Maria Macedo Alexandre
Lígia Fonseca Ferreira
Samuel Titan Jr.